INSTRUCTION PROVISOIRE

DU 2 JUIN 1914

SUR LA

COMPTABILITÉ DU MATÉRIEL

MIS A LA DISPOSITION DES TROUPES DE L'AÉRONAUTIQUE

par les centres d'aviation,

les ports d'attache ou les établissements spéciaux

de l'aéronautique.

PARIS

HENRI CHARLES-LAVAUZELLE

Éditeur militaire

124, Boulevard Saint-Germain, 124

MÊME MAISON A LIMOGES

INSTRUCTION PROVISOIRE

DU 2 JUIN 1914

SUR LA

COMPTABILITÉ DU MATÉRIEL

MIS A LA DISPOSITION DES TROUPES DE L'AÉRONAUTIQUE

par les centres d'aviation,

les ports d'attache ou les établissements spéciaux

de l'aéronautique.

PARIS

HENRI CHARLES-LAVAUZELLE

Éditeur militaire

124, Boulevard Saint-Germain, 124

MÊME MAISON A LIMOGES

ble, par les ports d'attache auxquels sont affectés ces compagnies ou ces équipages.

Art. 3. Le matériel visé à l'article 1er mis à la disposition des unités mobilisées de l'aéronautique militaire est pris en charge, savoir :

a) Aux armées de campagne.

1º *Aviation*. — Par le parc d'aviation d'armée, le matériel composant le parc d'aviation proprement dit et le matériel technique des escadrilles ressortissant au parc.

2º *Aviation et aérostation*. — Par les premières et deuxièmes réserves de ravitaillement, le matériel composant ces formations.

3º *Aérostation*. — Par le port d'attache, pour le matériel de ce port d'attache, y compris les dirigeables.

b) Dans les places fortes.

Par le port d'attache de la place, pour le matériel de parcs d'aérostiers de place.

ENTRETIEN ET RÉPARATION DU MATÉRIEL.

Art. 4. a) Les établissements de l'aéronautique pourvoient, sous l'autorité des colonels commandants du groupe, directeurs de la circonscription administrative comprenant les établissements dont ils relèvent, à l'entretien du matériel qu'ils ont en charge, conformément aux dispositions des articles 2 et 3, et suivant les règles prescrites par l'instruction du 30 décembre 1902, sur la comptabilité-matières et l'instruction provisoire du 18 mars 1914 sur l'administration et la comptabilité du service de l'aéronautique.

Ce matériel doit être constamment maintenu en bon état de service et au complet réglementaire. Les colonels commandants de groupe visés à l'alinéa précédent prescrivent ou provoquent, s'il y a lieu, les mesures nécessaires pour faire effectuer les réparations et les remplacements; ils font changer les objets hors de service contre des objets similaires en bon état (1).

---

(1) Les objets hors de service sont proposés pour la réforme par le centre d'aviation ou le port d'attache. Les commandants des établissements provoquent d'urgence le remplacement des objets appartenant à la réserve de guerre.

Dans le cas où ces réparations ou remplacements nécessiteront les déplacements de matériel, les expéditions seront effectuées aux frais de la 1re section du budget, lorsque les transports ne pourront pas être faits par voie de terre. Le Ministre est saisi des demandes des objets faisant défaut dans les approvisionnements disponibles des établissements, pour leur permettre d'assurer les réparations, remplacements et échanges qui leur incombent, d'après les dispositions ci-dessus.

Sous ces réserves, les réparations, remplacements et échanges doivent être effectués immédiatement et sans attendre la décision ministérielle à intervenir, s'il y a lieu, au sujet des imputations encourues.

b) Chaque commandant d'unité (escadrilles, parcs d'aérostiers de place, etc...) visite le matériel de mobilisation de son unité une fois chaque année.

Il est accompagné dans cette visite par l'officier d'administration comptable de l'établissement ou son délégué, et fait parvenir, s'il y a lieu, au colonel commandant le groupe dont relève le centre d'aviation ou le port d'attache, un état des objets manquants; en aucune circonstance, il n'est rendu responsable de ceux-ci, sauf dans le cas où il a détenu le matériel pour un exercice, une manœuvre, etc., et, dans celui où le déficit porterait sur des objets contenus dans les coffres plombés, dont il a les clefs.

Le colonel commandant le groupe dont relève le centre ou le port d'attache désigne un officier de l'aéronautique choisi dans la garnison pour passer, dans les mêmes conditions, la visite du matériel des unités quelles qu'elles soient, dont les commandants désignés pour le temps de guerre ne font pas partie de la garnison.

Dans chaque établissement, il est ouvert un registre de visite du matériel de mobilisation (modèle n° 5). Les officiers consignent sur ce registre les résultats de visite, et le commandant de l'établissement y inscrit la suite donnée aux observations faites.

Il est formellement interdit de sortir des magasins aucun objet appartenant à la réserve de guerre sans une autorisation écrite donnée par le colonel commandant le groupe dont relève le centre d'aviation ou le port d'attache, dans les cas réglementairement prévus ou pour l'exécution des ordres spéciaux du Ministre.

Les soins de nettoyage qu'exige l'entretien du matériel de mobilisation sont donnés, sous la direction du personnel de l'établissement où il est déposé, par des hommes fournis par les unités de l'aéronautique tenant garnison dans le lieu de l'établissement.

SURVEILLANCE DU MATÉRIEL.

Art. 5. Lorsque le commandant d'un centre d'aviation ou d'un port d'attache est amené à constater que le matériel mis à la disposition de la troupe est mal entretenu, que les consommations faites pour l'entretien de ce matériel sont exagérées, il a le devoir de le signaler au colonel commandant le groupe dont relève le centre d'aviation ou le port d'attache.

Ces officiers supérieurs doivent, de leur côté, faire passer des visites du matériel en question, de façon à s'assurer qu'il est constamment au complet et bien entretenu.

En principe, ces visites sont passées au moins une fois par an par des officiers supérieurs désignés par le colonel commandant le groupe.

Ces officiers consignent le résultat de leur visite (existence et entretien) sur le registre inventaire modèle n° 2 et rendent compte au colonel commandant le groupe.

Les colonels commandant les groupes, qui ont dans leur commandement les centres d'aviation ou les ports d'attache, rendent compte au Ministre, le 1er juillet de chaque année (en même temps que de la constitution des approvisionnements d'imprimés de réserve), des résultats sommaires de la visite du matériel mis à la disposition des troupes.

Ils font établir, s'il y a lieu, par l'établissement intéressé, des procès-verbaux évaluatifs relatant les détériorations et déficits paraissant devoir être mis à la charge des détenteurs comme provenant de leur fait (défaut de surveillance ou manque de soins).

Des procès-verbaux distincts sont établis pour les détériorations et pour les déficits; ils sont revêtus du visa du colonel commandant le groupe et soumis à l'approbation ministérielle en double expédition, avec les rapports à l'appui; leurs extraits, mis à l'appui des comptes de l'établissement, doivent être accompagnés de la déclaration de versement au Trésor de la somme imputée.

PERTES ET DÉTÉRIORATION DU MATÉRIEL.

Art. 6. Les corps ou fractions de corps détenteurs du matériel peuvent être rendus pécuniairement responsables des pertes et détériorations, à moins qu'ils ne justifient, par un rapport circonstancié, établi dans les vingt-quatre heures, que le fait ne peut être imputé à la négligence, défaut de soins ou de surveillance.

Ces rapports, établis au verso du feuillet détaché du registre à souche (modèle n° 3), prévu par l'article 9, sont transmis au colonel commandant le groupe qui, après avoir formulé son avis, les fait parvenir au commandant du centre d'aviation ou du port d'attache intéressé et donne des instructions, conformément aux dispositions de l'article 4, pour faire effectuer des réparations, remplacements ou échanges reconnus utiles.

Les pertes et détériorations pour lesquelles le commandant de groupe émet l'avis qu'il y a lieu d'en imputer le montant aux détenteurs font l'objet de procès-verbaux évaluatifs, comme il est dit à l'article 5.

Les pertes pour lesquelles cet officier supérieur émet l'avis qu'il n'y a pas lieu à imputation font l'objet de procès-verbaux distincts des précédents établis par les commandants des centres d'aviation ou des ports d'attache intéressés et transmis au Ministre, en double expédition, avec les rapports à l'appui. Le Ministre n'est pas saisi des détériorations pour lesquelles les colonels commandant le groupe émettent l'avis qu'il n'y a pas lieu à imputation.

Les procès-verbaux susvisés sont conformes au modèle n° 1; il suffit d'établir un procès-verbal de chaque espèce, par trimestre en temps de paix et par mois en temps de guerre.

POUVOIRS DÉVOLUS EN TEMPS DE GUERRE AUX DIRECTEURS DE L'AVIATION D'ARMÉE.

Art. 7. Les pouvoirs réservés au Ministre par les articles qui précèdent sont dévolus, en temps de guerre, à l'officier supérieur directeur de l'aviation de l'armée.

BUT DE LA COMPTABILITÉ.

Art. 8. La comptabilité prescrite par la présente instruction a pour but d'établir la responsabilité :

1° Des unités d'aéronautique détenant le matériel visé à l'article 1er, vis-à-vis des centres d'aviation, des ports d'attache, ou des autres établissements qui ont la gestion de ce matériel;

2° Des centres d'aviation et des réserves aux armées, du même matériel, vis-à-vis de l'Etat.

TITRE II.

Écritures de la comptabilité.

CHAPITRE PREMIER.

Dispositions du temps de paix.

ÉCRITURES DES CORPS DE TROUPE.

Art. 9. Pour le matériel d'instruction, de manœuvre ou de corvée, mis à sa disposition, chaque unité d'aéronautique tient :

1° *Un inventaire-journal* (modèle n° 2). — Cet inventaire est tenu, suivant le cas, par le commandant de l'escadrille, le commandant de ballon dirigeable, le commandant de la compagnie d'aérostation, etc...

L'inventaire est certifié le 31 décembre de chaque année et à chaque mutation du détenteur du matériel; il est adressé dans les cinq jours au centre d'aviation ou port d'attache qui le renvoie, après sa vérification, et dans un délai de quinze jours au plus.

Chaque officier chargé de tenir un inventaire vérifie, en prenant ses fonctions, l'existence et l'état d'entretien du matériel dont il devient responsable et mentionne les résultats de cette opération sur le registre-inventaire.

2° *Un registre à souche des mouvements du matériel* (modèle n° 3). — Ce registre contient 50 feuillets; il est renouvelé à une époque quelconque de l'année.

L'inventaire modèle n° 2 et le registre modèle n° 3 sont tenus conformément aux instructions détaillées placées en tête de ces deux registres.

ÉCRITURES DES ÉTABLISSEMENTS.

Art. 10. Les établissements tiennent :

1° Un double de la 2ᵉ partie de l'inventaire-journal, tenu par chaque unité de l'aéronautique, comme il est dit ci-dessus;

2° Pour chaque unité de l'aéronautique, un compte est ouvert dans le carnet des unités collectives incomplètes (modèle n° 17 de l'instruction du 30 décembre 1902).

DATES DE L'ARRÊTÉ DES ÉCRITURES.

Art. 11. L'inventaire des détenteurs est certifié le 31 décembre de chaque année, et à chaque mutation du détenteur, par l'officier d'administration comptable.

Les erreurs et irrégularités que les établissements pourraient relever dans ce registre font l'objet de notes de vérifications adressées, par l'intermédiaire de l'officier supérieur du groupe dont ils relèvent, aux unités de l'aéronautique militaire.

Les réponses à ces notes de vérifications doivent être faites par l'intermédiaire du même officier.

COMMENT SONT SUIVIES LES MATIÈRES DÉLIVRÉES PAR LES CENTRES D'AVIATION ET LES PORTS D'ATTACHE AUX CORPS OU FRACTIONS DE CORPS.

Art. 12. Les matières nécessaires pour l'entretien du matériel et pour la marche des ballons dirigeables, des appareils d'aviation et des automobiles sont délivrées aux corps ou fractions de corps par les établissements qui ont le matériel en charge sur la production d'un feuillet détaché du registre à souche (modèle n° 3).

Ces feuillets tiennent lieu de bons et servent à l'officier d'administration comptable du centre d'aviation ou du port d'attache à établir, en fin de trimestre, suivant le mode prescrit par l'instruction du 30 décembre 1902. la pièce justificative des sorties.

Les matières de consommation destinées à l'entretien et à la marche du matériel ne figurent pas sur les inventaires-journaux tenus par les corps ou les fractions de corps.

Leur perception et leur consommation sont constatées comme il suit :

Les quantités mentionnées sur les feuillets détachés du registre à souche sont transcrites au jour le jour sur un carnet modèle n° 6).

Les quantités consommées sont enregistrées sur le carnet modèle n° 7 (aviation), et 7 *bis* (aérostation), sur lequel figurent également les nombres d'heures de marche des moteurs, des appareils, automobiles, motocyclettes, avec l'indication de la force des moteurs.

Trimestriellement, les quantités de matières consommées sont additionnées et les totaux sont reportés au-dessous des totaux des quantités perçues. La balance entre ces deux totaux donne la quantité devant rester dans le corps ou fraction de corps, au premier jour du trimestre suivant.

Art. 13. a) *Aviation.* — Lorsque des pilotes isolés se déplaçant se trouvent dans l'obligation d'acheter directement des matières (essence, huile, etc...), ils délivrent au fournisseur un bon détaché du carnet de bons (modèle n° 30) de l'instruction provisoire du 18 mars 1914.

Si le pilote paie directement les matières achetées au moyen des avances qui lui ont été faites dans les conditions de l'article 40 de l'instruction précitée, il se fait délivrer une facture. Cette facture certifiée exacte par la partie prenante est adréssée, aussitôt la rentrée du pilote dans sa garnison, par le commandant de l'escadrille au commandant du centre d'aviation ayant le matériel de l'escadrille en compte, et est accompagnée d'un feuillet détaché du registre à souche (modèle n° 3), sur lequel le commandant de l'escadrille a inscrit les matières achetées avec indications dans la colonne 3 du nom et de l'adresse du fournisseur, et du nom du pilote.

Si le pilote ne paie pas la fourniture qui lui a été faite, il doit, à la rentrée à sa garnison, remettre au commandant de l'escadrille son carnet modèle n° 30. Le commandant de l'escadrille établit immédiatement un feuillet détaché du registre à souche modèle n° 3, portant les mêmes indications que celles prévues à l'alinéa précédent. Il appartient alors au commandant du centre d'aviation de prendre les mesures utiles pour payer au fournisseur le montant de la valeur des matières livrées au pilote.

En cas de déplacement de l'escadrille au complet, et lorsque cette formation ne peut être ravitaillée soit par le centre d'aviation dont elle dépend, soit par le parc d'aviation aux armées, le commandant de l'escadrille opère comme il est dit aux alinéas précédents.

Dans tous les cas, le commandant du centre d'aviation ayant le matériel de l'escadrille en compte doit toujours être avisé au moyen d'un feuillet détaché du registre à souche modèle n° 3 des quantités de matières achetées directement, soit par les pilotes, soit par les commandants d'escadrilles.

Les matières achetées dans ces conditions doivent toujours figurer au carnet modèle n° 6.

Des avances peuvent être faites par le comptable du centre d'aviation en cas de déplacement de l'escadrille ou des pilotes isolés, dans les conditions déterminées à l'article 40 de l'instruction provisoire du 18 mars 1914.

b) *Aérostation*. — Les commandants de dirigeables ou de ballons libres, qui, au cours d'un déplacement, se trouvent dans
l'obligation d'acheter directement des objets ou matières, procèdent d'une façon analogue à ce qui vient d'être dit pour l'aviation. Dans tous les cas, que les achats aient été payés ou non, le
commandant du port d'attache ayant le matériel en compte doit
toujours être avisé, au moyen d'un feuillet détaché du registre
à souche, modèle n° 3, des achats effectués et les matières achetées dans ces conditions doivent toujours figurer au carnet modèle n° 6.

Art. 14. Chaque jour, le commandant de l'escadrille inscrit
avec un registre modèle n° 8 les différents vols effectués dans la
journée, ainsi que le nombre d'heures de marche des moteurs
d'avions au point fixe.

Le registre modèle n° 8 est tenu conformément aux instructions placées en tête de ce document.

Art. 15. Les conducteurs de voitures automobiles et des motocyclettes tiennent un carnet sur lequel figure constamment le
nombre de kilomètres parcourus. Ce carnet doit être présenté
après chaque déplacement de la voiture automobile ou de la
motocyclette au visa du commandant de l'unité ou de la formation auquel la voiture ou la motocyclette est affectée.

Art. 16. Les dispositions qui précèdent ne sont pas applica-
bles au matériel de guerre délivré pour une manœuvre, une
revue...), et qui doit être réintégré à très bref délai (cinq jours
au plus).

Dans ce cas, l'officier à qui ce matériel est remis en prend la
responsabilité complète depuis le moment où le matériel est
retiré des hangars ou magasins jusqu'à celui où il est réintégré.
Avant leur sortie, cet officier ou les comptables, ou les représentants désignés par eux, procèdent à la vérification des char-
gements. Pareille vérification est faite à la réintégration.

Après chacune des opérations, les objets manquants sont ins-
crits par les soins du comptable, sur un carnet qui est signé
par lui, et par les officiers ou leurs représentants.

Les pertes et détériorations sont constatées comme il est prescrit à l'article 6 ci-dessus; toutefois, les rapports circonstanciés
sont établis, dans ce cas, sur feuilles volantes, et conformément
au modèle du feuillet du registre à souche (modèle n° 3).

CHAPITRE II.

Dispositions du temps de guerre.

ÉCRITURES DES UNITÉS MOBILISÉES.

Art. 17. Les unités mobilisées tiennent les mêmes écritures que celles définies aux articles précédents.

ÉCRITURES DES PARCS OU PORTS D'ATTACHE MOBILISÉS.

Art. 18 Ces écritures sont les mêmes que pour le temps de paix, et sont tenues conformément aux règles posées ci-dessus pour les centres d'aviation du temps de paix ou autres établissements mettant du matériel à la disposition des troupes de l'aéronautique.

Les feuillets détachés du registre à souche modèle n° 3 des unités faisant partie d'un même parc d'aviation servent ultérieurement au comptable du parc d'aviation à facturer, au moyen de pièces régulières, soit aux unités de l'aéronautique, soit aux autres parcs, le matériel sorti de ses comptes.

Les versements de matériel faits aux parcs d'aviation mobilisés par les centres d'aviation du temps de paix ou réciproquement sont justifiés conformément aux règles de la comptabilité-matières.

Il en est de même pour tous les mouvements d'un parc à un autre.

Aux armées de siège, la comptabilité du matériel d'un port d'attache temporaire est la même que celle d'un port d'attache fixe.

OPÉRATIONS COMPTABLES A EFFECTUER AU MOMENT DE LA MOBILISATION.

I. — Parcs d'aviation d'armée.

L'officier d'administration qui doit remplir, à la mobilisation, les fonctions de comptable du matériel du parc mobilisé, ouvre un compte de gestion modèle n° 4 de la présente instruction pour la durée de la guerre.

Tout le matériel que les unités doivent posséder à la mobilisation est porté en entrée sur ce compte et en sortie sur le compte du centre d'aviation ayant le matériel en compte dans le temps de paix.

A la fin de la guerre, l'officier d'administration comptable du parc mobilisé facture aux centres d'aviation le matériel qui doit leur être rendu.

Ce compte du temps de guerre, dont tout l'existant est ainsi porté en sortie, est arrêté à la date de la fin des opérations et adressé au Ministre avec les pièces justificatives.

Le matériel délivré aux parcs d'aviation d'armée mobilisés par les centres d'aviation ou d'autres établissements de l'aéronautique est facturé à ces parcs par les comptables des établissements livranciers.

Les feuillets modèle n° 3, constatant la remise de ce matériel aux commandants d'unités, sont adressés au commandant du parc mobilisé, avec les factures concernant ce matériel.

II. — Première et deuxième réserves de ravitaillement.

Le matériel des première et deuxième réserves de ravitaillement est facturé par le comptable des établissements livranciers aux comptables des formations mobilisées, qui les portent en entrée sur un compte de gestion modèle n° 4, ouvert à la mobilisation.

A la fin des opérations, le matériel restant est reversé aux établissements qui avaient préparé la mobilisation des première et deuxième réserves, ou aux établissements qui seront désignés par le Ministre.

Les comptes de gestion modèle n° 4 des première et deuxième réserves, balancés à zéro, sont adressés au Ministre avec les pièces justificatives.

Si le matériel facturé aux première et deuxième réserves est remis directement à des unités mobilisées par l'établissement livrancier, les feuillets modèle n° 3, constatant cette remise, sont adressés aux commandants des formations mobilisées avec les factures concernant ce matériel.

III. — Ecritures à préparer dès le temps de paix.

Les comptes de gestion du temps de guerre sont préparés, dès le temps de paix, ainsi que toutes les pièces comptables relatives aux mouvements énumérés ci-dessus; les quantités restant inscrites au crayon.

Ce soin incombe aux établissements chargés de la mobilisation des parcs ou des réserve. Les établissements qui doivent facturer, à la mobilisation, du matériel à une première ou à une deuxième réserve ou à un parc d'aviation, doivent tenir prêtes les factures de ce matériel et fournir à l'établissement intéressé tous les renseignements nécessaires pour la tenue à jour du compte de gestion n° 4.

IV.

Lorsque les opérations se poursuivent sur plusieurs exercices, les comptes de gestion modèle n° 4, tenus aux armées par les comptables, sont arrêtés le 31 décembre et adressés au Ministre, avec les pièces justificatives, dans les mêmes conditions que les comptes de gestion du temps de paix.

AVANCES DE FONDS ET DÉPENSES.

Art. 19. Les avances de fonds nécessaires pour les dépenses relatives à l'entretien du matériel sont faites aux commandants d'unités par l'établissement gestionnaire du matériel en temps de paix.

Cet établissement est remboursé des avances ainsi faites au moyen de mandats sur le Trésor, émis à son profit, par les directeurs ayant les parcs mobilisés sous leurs ordres, auxquels le matériel se trouve rattaché, dans un délai qui ne doit pas excéder trente-cinq jours à partir du premier jour de la mobilisation.

IMPRIMÉS A TENIR EN RÉSERVE.

Art. 20. Les approvisionnements d'imprimés nécessaires pour la tenue de la comptabilité en temps de guerre sont constitués dès le temps de paix.

Chaque établissement doit avoir :

1° Pour chaque unité mobilisée :

> 3 inventaires-journaux (modèle n° 2);
> 12 registres à souches (modèle n° 3);
> 1 exemplaire de la présente instruction.

2° Pour chaque parc mobilisé :

> 1 carnet des unités collectives incomplètes (modèle n° 17 de l'instruction du 30 décembre 1902);
> 1 compte de gestion (modèle n° 4);
> 1 registre-journal;
> 3 inventaires-journaux (modèle n° 2), 2° partie seule-

ment, pour chacune des unités entrant dans la composition du parc.

3° Pour chaque première ou deuxième réserve :

    1 carnet;
    1 compte de gestion;
    1 registre-journal.

Chaque unité mobilisée comportera :

    2 inventaires-journaux (modèle n° 2);
    6 registres à souches (modèle n° 3);
    1 exemplaire de la présente instruction (1).

Le complément (1 inventaire-journal complet, 6 registres à souches) sera emporté, à titre de réserve, par le parc.

Il sera mis en dépôt dès le temps de paix dans l'établissement qui mobilise le parc ou les réserves, suivant le cas. Toutefois, pour les unités dont le rattachement au parc n'est pas connu dès le temps de paix, les imprimés dont il s'agit seront emportés à la mobilisation par les commandants d'unités qui les feront parvenir, en arrivant sur la base de concentration, au commandant du parc auquel ils sont rattachés.

Il sera rendu compte au colonel commandant avant l'épuisement de cette réserve d'imprimés.

Les imprimés constituant les approvisionnements ci-dessus seront régulièrement pris en charge par les établissements dans leurs comptes de gestion, et lorsque le matériel de mobilisation fera mutation d'un établissement à un autre, les imprimés relatifs y subiront la même mutation.

Dans aucun cas, il ne sera prélevé d'imprimés sur ces approvisionnements pour la tenue de la comptabilité en temps de paix.

En outre, un approvisionnement suffisant d'imprimés (factures, etc...), nécessaires pour la tenue des comptabilités-matières et finances des parcs et des réserves devra être constitué dès le temps de paix.

Les officiers supérieurs dont relèvent directement les établissements s'assurent fréquemment que tous les documents à conserver en réserve, et à préparer dès le temps de paix, sont rigoureusement tenus dans les établissements.

Ils rendent compte au Ministre, le 1er juillet de chaque année,

---

(1) Chaque unité du temps de paix possède cette instruction. Chaque unité à créer au moment de la mobilisation la recevra de l'établissement qui lui délivrera le matériel.

de l'exécution de cette prescription en même temps que du résultat sommaire de la visite du matériel détenu par les unités.

ABROGATION DES DISPOSITIONS ANTÉRIEURES.

Art. 21. Les dispositions contraires à la présente instruction provisoire sont abrogées.

Pour le Ministre et par délégation du Sous-Secrétaire d'État :

APPROUVÉ :

Paris, le 2 juin 1914.

Le Général, Directeur de l'Aéronautique militaire,

Signé : F. BERNARD.

Paris et Limoges. — Imprimerie militaire Henri CHARLES-LAVAUZELLE.